Das alles kannst Du selbermachen:

Januar — Pfannkuchen-berg

Dezember — Silvester-bowle

November — Sauerkraut-salat

Oktober — Kürbissuppe

September — Gefüllte Tomaten

August — Schafkäse-blech

Februar — Fladen-brot

März — Nudeln in Käsesoße

April — Rosinen-brötchen

Mai — Kartoffeln vom Blech + Kräuterkäse

Juni — Erdbeer-Rhabarber-speise

Juli — Himbeersoda + Zucchinisalat + Zitronentorte

Januar

Jetzt mag ich warme Pfannkuchen!
Hier habe ich sie würzig gefüllt; gut sind sie aber
auch mit Marmelade.

Pfannkuchenberg
für 4 Personen:
3 Eier, 1 Prise Salz, 1/4 Liter
Milch + 1/4 Liter Wasser
250 g Mehl
1 Bund Petersilie, gekochte
Erbsen, gekochten Schinken
125 g Holländerkäse
(gerieben: 6 Eßlöffel)
100 g Fett zum
Backen

Dorothea Desmarowitz

Ich koche für euch

Leckere Rezepte für's ganze Jahr

Ravensburger

In diesem Heft sind meine Lieblingsrezepte:
Pfannkuchen, Nudeln und Rosinenbrötchen kann ich zu jeder Jahreszeit essen. Aber neue Kartoffeln, Rhabarber und Erdbeeren nur im Frühling; wohlschmeckende Tomaten und Kürbis nur im Herbst. Deshalb habe ich für jeden Monat etwas Passendes ausgesucht, was Du leicht nachkochen oder -backen kannst.

Noch ein paar Worte bevor Du anfängst:
Schau Dir das Rezept und die Zutatenliste genau an. Wieviele Personen sollen satt werden? Ist alles, was Du brauchst, im Haus?
Dann kann 's ja losgehen – mit sauberen Händen natürlich!

Dein
Bastelbär

1 Eier mit Salz, Milch und 1/4 Liter Wasser verquirlen. Mehl darunterrühren. Den Teig 30 Minuten ruhen lassen.

2 Inzwischen: Petersilie waschen und hacken.

3 Den Backofen einschalten und die Füllung vorbereiten: Schinken würfeln. Käse reiben. gekochte Erbsen (Mais)

4 Fett bei großer Hitze zerlassen, Teig hineingeben. goldgelb ← Schöpfkelle

5 von beiden Seiten backen. Hitze kleinstellen, weitere Pfannkuchen backen und bestreuen: Erbsen, Käse, Petersilie. Schinken, Käse. Petersilie, Erbsen, Käse. feuerfeste Platte → zum Schluß nur Käse

6 Im Backofen bei 200°Grad Gas Stufe 3. 15 Minuten überbacken, bis der Käse geschmolzen ist.

Februar

Ist kein Brot mehr im Haus, back ich schnell
knusprige Fladen. Sie schmecken zum Frühstück,
zum Abendbrot – ich finde, sie schmecken immer!

Fladenbrot
in 25 Minuten

Du brauchst:
2 Schälchen Weizenvoll-
kornschrot (Reformhaus)
1 Schälchen Wasser
1 Eßlöffel Öl
1 Teelöffel Salz

März

Nudeln eß ich für mein Leben gern! Dazu auf einem Extrateller: eine Fenchelknolle in feine Scheiben geschnitten.

HALLO!

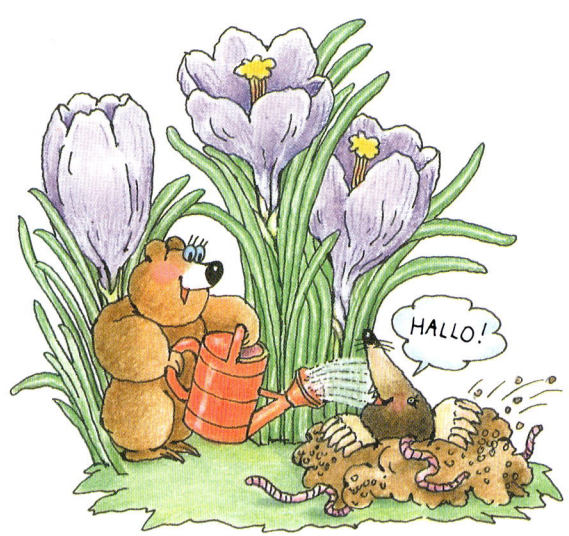

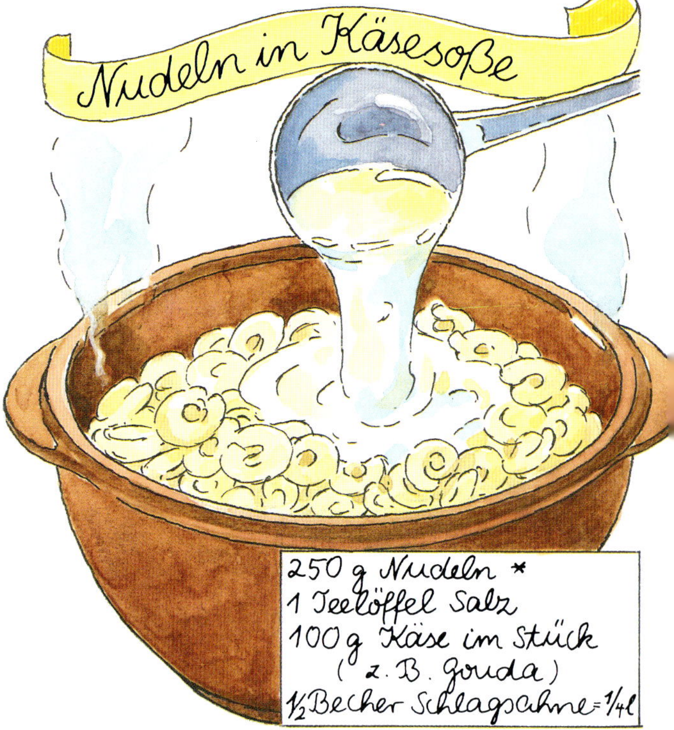
Nudeln in Käsesoße
250 g Nudeln *
1 Teelöffel Salz
100 g Käse im Stück
(z. B. Gouda)
½ Becher Schlagsahne = ¼ l

1 2 Liter Wasser im großen Topf zum Kochen bringen, Salz dazugeben, Nudeln ins sprudelnde Wasser schütten

Nudel-sorten:

Löpfli

Hörnchen

Muscheln

Vollkorn-nudeln

grüne Band-nudeln

umrühren

10 Minuten kochen

Inzwischen:

Käse grob auf einer Rohkastraspel reiben, einen Teller darunter stellen.

2 Die Schüssel für die Nudeln vor-wärmen (z.B. mit heißem Wasser)

Sahne erhitzen, Käse darunterrühren bis er geschmolzen ist. (Erwachsene mögen zer-drückte Knoblauchzehe darin) Bei kleinster Hitze warm-halten.

3 Wenn die Nudeln gar sind: (probiere sie vorsichtig,) in einen Durchschlag (Sieb) schütten, abtropfen lassen und in die vorgewärmte Schüssel geben.

Die Käsesoße kann darübergegossen werden.

Topf-lappen!

April

Mit diesen Brötchen überraschte ich gerade den
Osterhasen.
April, April!!

Rosinenbrötchen

500g Magerquark
6 Eßlöffel Rosinen (125g)
2 Eßlöffel Butter (Margarine)
3 Eßlöffel Zucker
2 Eier
1 Teelöffel Salz
250g Mehl
3 gestrichene Teelöffel Backpulver
Fett für's Blech

Quark abtropfen lassen

1 Rosinen waschen und abtropfen lassen.

geschirr-tuch

2

Nacheinander verrühren (mit dem elektrischen Handrührer oder mit dem Quirl)

1 weiche Butter   Zucker   Eier Quark Salz **2**

Backofen einschalten 200°

Zuerst langsam, dann schnell: Stufe 3

Mehl + Backpulver mischen darübersieben

Zuletzt: Rosinen unter mischen

Ist der Teig nicht fest genug, noch Mehl unterrühren (Die Häufchen dürfen nicht auseinanderlaufen!)

Backblech einfetten und Häufchen daraufsetzen (mit Löffel + Teigschaber)

12 Stück

Im heißen Backofen bei 200° grad Gas Stufe 3 mittlere Schiene 30 Minuten backen bis die Brötchen goldgelb sind.

Warm essen!

Mai

Alles neu macht der Mai...
Kartoffeln und Kräuterkäse sind ein schönes
Frühlingsessen.

Kartoffeln vom Blech

Du brauchst
für 4-5 Personen:

1 kg neue Kartoffeln
(möglichst gleich große)
4 Teelöffel Öl
Salz und Kümmel
Dazu: Kräuterkäse

1. Kartoffeln gut waschen, mit der Gemüsebürste schrubben! (Schale soll ja mitgegessen werden) und mit Haushaltspapier trocken tupfen.

2. Kartoffeln einmal längs durchschneiden.

3. Backblech mit Öl bestreichen (1 Teelöffel) Kartoffeln mit der flachen Seite nach unten legen.

4. Kartoffelhälften mit Öl bepinseln und würzen Kümmel Salz

5. Im heißen Backofen bei 225° Grad (Gas Stufe 4) Je nach Größe 35 bis 45 Minuten backen.

6. Garprobe: Sind die Kartoffeln innen weich?

Kräuterkäse

Zitronen-melisse

Schnittlauch

Petersilie

Dill

Kresse

Du brauchst:
250 g Magerquark
2-3 Eßlöffel Milch
200 g Frischkäse
1 Bund Radieschen
viele frische Kräuter:

Quark, Milch und Frischkäse cremig rühren (elektrischer Handrührer)

Auf Salz und Pfeffer kannst du verzichten. Die Kräuter geben die Würze.

1

Kräuter waschen, abtropfen lassen und hacken

2

Kräuter vorsichtig unterrühren

Löffel

Radieschen waschen

und putzen

3

Radieschenmäuse "basteln":

Schlitze für die Ohren ein- schneiden

Scheiben für Ohren

4 Die Ohren einsetzen

Mit den Kartoffeln servieren

Juni

Frisch, fruchtig, aus des Gartens Hitze, dieser
Nachtisch ist wirklich spitze!

Du brauchst für 4:
500g Rhabarber
250g Erdbeeren
2 Eßlöffel Zucker
1 Päckchen Vanillezucker
Makronen oder Löffelbis-
kuits zum Auslegen der
Gläser + Schlagsahne

Erdbeer-Rhabarberspeise

Rhabarber waschen und putzen: Blätter abschneiden

Ende ab-schneiden

grobe Fasern abziehen

Erdbeeren waschen Blätter abzupfen,

4 zum Verzieren zu-rück behalten

in Scheiben schnei-den

Rhabarber mit 1 Tasse Wasser + Zucker

Zum Schluß: Erdbeeren kurz mitkochen

1 Minute

bei großer Hitze weichkochen

Abgekühlt so in 4 Gläsern verteilen:

3. Schlagsahne

2. Erdbeer-Rha-barberspeise

1. Makronen-stückchen

Juli

Für heiße Tage empfehle ich drei kühle Köstlichkeiten: Himbeersoda, Zucchinisalat und eine Zitronentorte.

Himbeersoda

Sehr gut mit frischen Himbeeren!

Vanilleeis

darüber: Mineralwasser (Soda)

etwas Himbeersirup

Zucchinisalat

Zucchinis waschen und in feine Scheiben schneiden, auf einen großen Teller legen.

Saure Sahne mit Salz und Zitronensaft verrühren. (Erwachsene mögen Zitronenpfeffer dazu.) Die Soße über die Zucchinischeiben gießen.

Dill waschen, hacken und darüberstreuen.

Du brauchst für 4 Portionen:
2-3 kleine Zucchinis
1 Becher saure Sahne (150g)
Salz, Zitronensaft (1 Teelöffel)
1 Bund Dill
ein paar Haselnüsse

Und zum Schluß: zerkleinerte Nüsse. Dazu schmeckt warmes Weißbrot!

Du brauchst:
100 ccm Wasser = 12 Eßlöffel
100 g Butter, 1 Prise Salz
200 g Weizenmehl Typ 1050
(Reformhaus)

2 Eier
250 g Braunen Zucker
2 unbehandelte Zitronen
100 g Butter, etwas Mehl

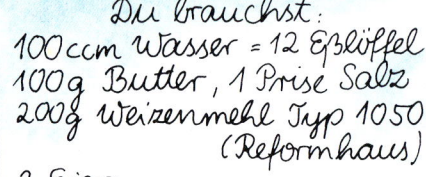

Zitronentorte

Zum Rezept:
* Du kannst auch
2 Teelöffel backfer-
tige Zitronenschale
stattdessen nehmen.
** Vorsicht beim
Herausnehmen! Die
Torte wird erst nach
dem Erkalten fest.
gut kühlen, mit
Creme fraiche essen

Für den Teig:
Wasser erhitzen,
die Butter darin
schmelzen

1.

Butterwasser mit
Mehl und Salz
verrühren,

2.

einen glatten Teig
kneten und

kühlstellen

3.

August

Jetzt ist die Zeit gekommen, ein kleines Fest im Garten zu feiern. Da ist dieser leckere Imbiß gerade richtig.

Schafkäseblech

1 Paket tiefgekühlter Blätterteig (Teigblätter zum Auftauen nebeneinander legen, ungefähr 20 Minuten)
-×-
250 g bulgarischen Schafkäse
2 Eier, 3 Eßlöffel Sonnenblumenkerne (Reformhaus), Mehl zum Ausrollen.

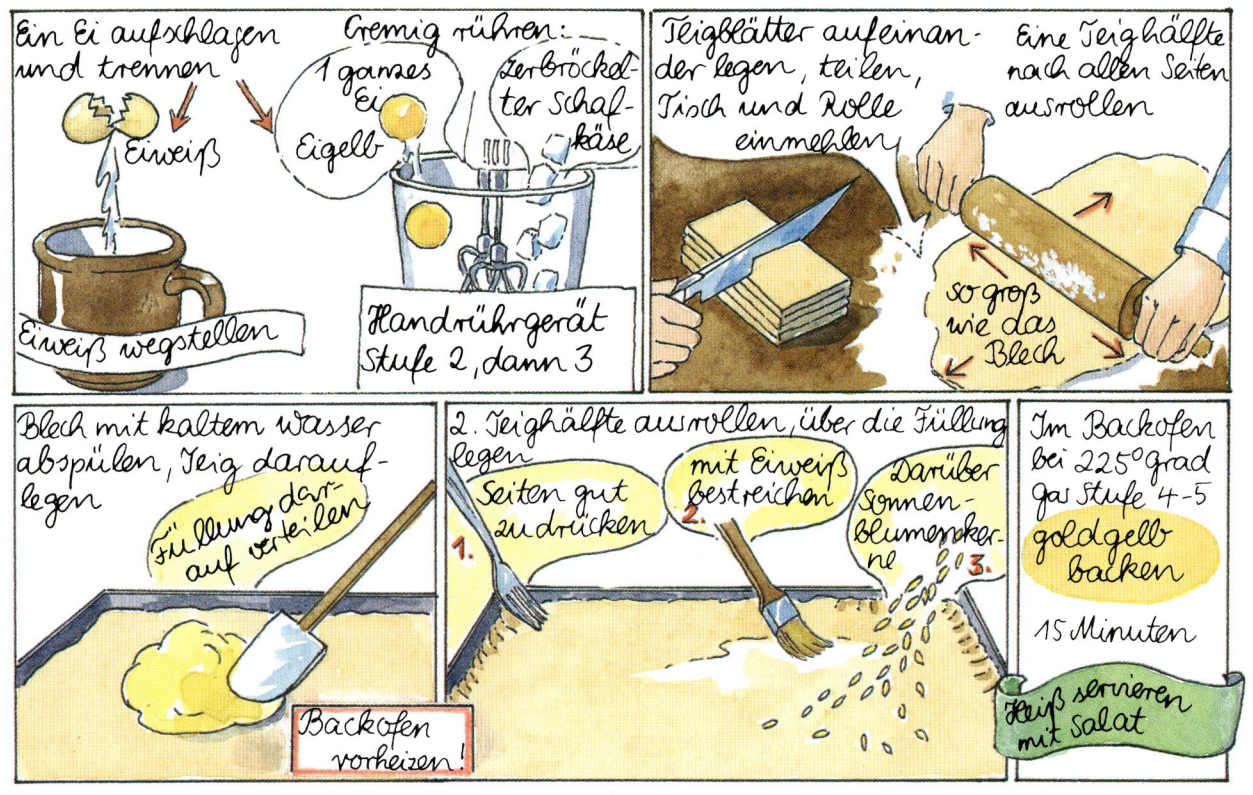

September

Das ist mein liebstes Abendbrot in diesem Monat, weil es so gut schmeckt, wie es aussieht!

Gefüllte Tomaten

Für 4 Personen:
4 große Fleischtomaten
3 Eier
1 Bund Schnittlauch
1 Scheibe Schinken
etwas Essig und Öl, Salz

Die Eier mit einer Steck-
nadel anstechen, ins
kalte Wasser legen und
10 Minuten kochen lassen.

Abschrecken:
Eier unter kaltes Wasser
halten

Schnittlauch
schneiden

Eier würfeln (Eier-
schneider) Schinken würfeln

alles vermischen

Salatsoße:
1 Eßlöffel Essig mit etwas Salz verrühren,
2 Eßlöffel Öl darunterrühren

Die Salatsoße unter die Eier-Schinken-
würfel mischen,

Den Tomaten den Deckel
abschneiden, mit
einem Teelöffel aushöhlen
und füllen.

Gut auch mit Kräu-
terkäse (Mai)
oder Sahne-
quark mit
Meerrettich!

Oktober

Diese herbstliche Suppe schmeckt mir noch besser mit gerösteten Brotwürfeln. Sie werden mit etwas Butter in der Pfanne gebraten.

Kürbissuppe

* im Kürbis, der vorher ausgehöhlt und angewärmt wurde, im Backofen 180°

Du brauchst für 4:
1 Stück Garten- oder Riesenkürbis (1 kg)
1 Zwiebel
1 Eßlöffel Butter
etwas Salz
etwas süße Sahne und gehackte Petersilie

Kürbiskerne entfernen
(Du kannst sie
später rösten)

Kürbisfleisch
in Stücke
schneiden

Zwiebel häuten,
durchschneiden
und würfeln.

Zwiebelwürfel bei kleiner
Hitze in Butter dünsten
Kürbis   dazu-
              geben

Kürbisstücke
kurz schmoren
+ umrühren

Heißes Wasser dazugießen
(ungefähr 1 Liter) bis
der Kürbis bedeckt ist

Mit Salz wür-
zen, leicht
kochen las-
sen -
ab und zu
umrühren

≈ 40 Minuten

Wenn der Kürbis
weich ist, die Suppe
durch das Sieb
drücken

Noch einmal aufkochen
lassen, Sahne unter-
rühren und probieren:
fehlt noch Salz!

Mit Petersilie bestreut
in einer Schüssel ser-
vieren (oder im Kürbis)

November

Bei diesem Gericht habe ich sehr gelacht,
weil sauer so lustig macht...

Sauerkrautsalat
- für 4 Personen -

500g Sauerkraut
1 kleine Zwiebel
1 roter Apfel
1 Becher saure Sahne
oder Joghurt
etwas Salz, Zucker
und Pfeffer
10 Haselnüsse

Dezember

Zum letzten Fest im Jahr gibt es Kinderbowle,
dazu bunte Eisstückche.

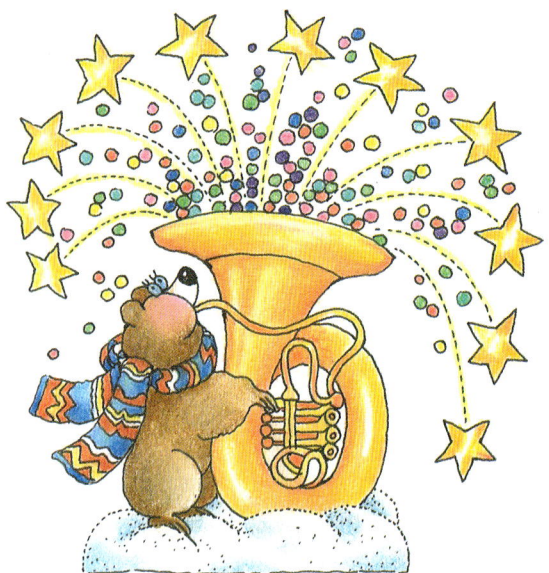

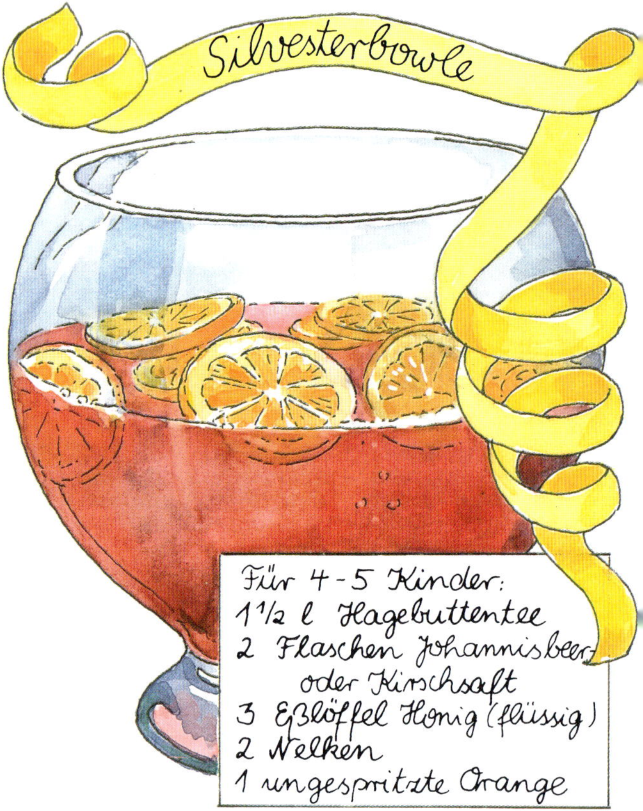
Silvesterbowle
Für 4 - 5 Kinder:
1 1/2 l Hagebuttentee
2 Flaschen Johannisbeer-
oder Kirschsaft
3 Eßlöffel Honig (flüssig)
2 Nelken
1 ungespritzte Orange

1 Tee zubereiten:
1½ Liter Wasser
zum Kochen bringen,
8 Teelöffel Hagebuttentee
(oder Teebeutel) damit
übergießen.

Abkühlen lassen –

2 Bunte Eiswürfel:
Eine Eiswürfelschale mit rotem
Saft auffüllen. (Johannisbeer-
Kirsch-Himbeersaft ...)

... in 3 Stunden

Eine zweite Eiswürfelschale
mit gelbem Saft auffüllen.
(Orangen-Aprikosensaft..)
Alles im Eiswürfelfach
fest werden lassen.

Eisfrüchtchen:
In die Eiswürfel-
schale Früchte
legen (Pfirsich-
stücke, Wein-
trauben ...)
und mit Saft
auffüllen, gefrieren lassen.

3 Die Orange warm ab-
waschen und mit der
Schale in Scheiben schneiden:

4 Bowle:
Tee mit Honig
süßen –

In ein großes Ge-
fäß den Tee, den
Saft, die Nelken
und Orangenscheiben
geben und mit Eis-
würfeln trinken.

Und noch mehr vom Bastelbär:

Bunte Hefte zum Basteln und Spielen

Mein Geburtstag   Hier wir~~d alles selbstge~~

Bald ist Ostern   Bunte Ost~~ern basteln~~

Kinderschmuck   zum Selbe~~r machen~~

Verkleiden macht Spaß!

Bald ist Weihnachten   Wir~~ ba~~

Mit Klammern und Knöpfen

Alles aus Papier   Blumen, T~~iere, Körbchen und...~~

Für die Spielekiste   Kinderspiele selbstgebastelt

Ich koche für euch   15 leckere Kinderrezepte

Aus der Restekiste   Spaß mit Nadel und Faden

Alles für die Kinderparty

5 4 3   89 88 87

Ravensburger Bastelbär

© 1987 by Ravensburger Buchverlag Otto Maier GmbH

© 1986 by Otto Maier Verlag Ravensburg

Alle Rechte vorbehalten

Printed in Germany

Otto Maier Ravensburg

Dorothea Desmarowitz (Idee, Text, Grafiken)

Kirsch & Korn, Tettnang (Bastelbär-Grafiken, Umschlag)

Ulrike Schneiders (Fotos)

Sabine Cuno (Redaktion)

ISBN 3-473-**37375**-3